긴 하루

긴 하루

ⓒ 박경애   1판 1쇄 2016년 12월 28일

지은이   박경애

    표지디자인 202Grid
    편집   김종일디자인
    출력   가나아트
    인쇄   청아문화사
    제본   정원문화사

펴낸곳   도서출판 예일문학
출판등록   제 2016-00347 호
주소   (04083) 서울특별시 마포구 성지5길 5-15 벤처빌딩 414호
전화   02) 336-8055
팩스   02) 545-8055
전자우편   writeflower7@gmail.com

국립중앙도서관 출판도서목록(CIP)

긴 하루 / 지은이: 박경애. - 서울 : 예일문학, 2016
128p. ; 135×210mm. - (예일문학시인선)

ISBN 979-11-959839-0-2 03800
책값은 뒤표지에 표시되어 있습니다.

한국 현대시 [韓國現代詩]
811.7-KDC6
895.715-DDC23   CIP 2016032295

* 이 책의 판권은 저작권자와 예일문학에 있습니다. 이 책 내용의 전부 또는 일부를 재사용하려면 반드시
  양측의 서면 동의를 받아야 합니다.

* 이 도서의 국립중앙도서관 출판예정도서목록(CIP)은 서지정보유통지원시스템 홈페이지(http://seoji.nl.go.kr)
  와 국가자료공동목록시스템(http://www.nl.go.kr/kolisnet)에서 이용하실 수 있습니다. (CIP 제어번호: CIP2016032295)

예일문학시인선

긴 하루

박
경
애

차례

I

사랑　11
봄이 오는 소리　12
세상은 모를 일로 가득하다　13
긴 하루　14
바람에 춤추는 나무　16
탄환　17
신문지　18
꽃이 진 자리　19
광화문 풍경　20
내 마음이 아파서　23
옷가게 풍경　24
한반도 유머　25
호롱불 하나, 전등불 하나　26
신　27
소멸　28
꽃과 여인　29
개나리　30
동물의 왕국　31
몸값　32
월급살이　34
떠날까 말까　35

고등학생의 넋두리 36

길고양이의 삶 37

등짐 38

초보 인생 39

간이역 인생 40

아버지의 낮술 41

Ⅱ

화진포 45

7월의 바다 46

산(山) 비 47

비 48

장마철 풍경 49

여름 50

설악산 권금성 51

가을비 한 방울 52

산장 53

가을이 주는 선물 54

가을 편지 55

커피 예찬 56

은행잎 57

시월의 나무 58

사계절 59

겨울 산 60

빈 배 61

깊은 산속의 겨울 62

눈 오는 날의 설악산 1 63

눈 오는 날의 설악산 2 64

눈 오는 날에 1 66

눈 오는 날에 2 67

III

도시 너머 71

가로수 72

그들의 집 73

거지와 노숙자 74

어느 가게 앞에서 76

고향은 슬프다 77

어느 작은 공장 78

이국 아낙의 노래 80

어머니와 물독 81

모정 82

어머니의 면 티셔츠 84

어머니의 몸무게 85

어머니 86

나그네 87

오지 않는 사람을 기다립니다   88
돌아오지 않는 것   89
목욕탕 가는 길   90
일본식 가옥에 살던 내 친구   92
천안역   93
고속터미널   94
홍대 앞 겨울   95
커피   96
그리운 한강   97
한강에 뜨는 달   98
여의도 선착장   99
강변의 개나리   100

IV

배 항해 인생   103
밥   104
먹고 죽을 돈   105
로봇청소기   106
작은 새   107
산과 바다   108
날 때부터 노예   109
굴을 지나는 기차   110
가난   111
가난과 결혼한 여인   112
황금의 노래   113

칼날   114

푸른 나무처럼   115

윤중로 벚꽃   116

조용한 세상   117

한강의 갈대   118

제비 떼   119

자작나무   120

눈   121

당신은 존재 자체로도 아름답다   122

너   123

사랑 이별   124

공항에 내리는 비   125

I

사랑

사랑은
시간과 공간을 초월
잊혔을지라도
그가 없거나
내가 없거나
모두가 없어도
사랑은 저 혼자 남아서 눈물을 흘린다

봄이 오는 소리

봄은 소리와 함께 옵니다
계곡의 눈이 녹아
물 흐르는 소리
개울가의 아이들 소리
인조잔디축구장의 함성
관광버스 앞 아주머니들의 웃음소리
하늘에 남은 눈을 털어버리려
대지를 적시는 봄비 오는 소리
유리창을 노크하는 빗방울 소리
여인의 원피스가 봄바람에 흩날리는 소리
봄은 소리와 함께 옵니다

세상은 모를 일로 가득하다

긴 하루

그 날은 참 긴 하루
처음 보는 일
그럴 수가 없기에
그러면 안 되기에
일 초는 한 시간
하루는 일 년
또 일 년
그리고 또 일 년
아, 너무나 긴 하루
그들에게는 그토록 짧은 하루였는데

바람에 춤추는 나무

통유리창 밖은 딴 세상
밖에서 여린 나무들의
무성한 잎가지들이 흐느적흐느적 춤춘다

강한 바람이 날아오다 멈춘 창가에는
잎과 가지의 끊어질 듯한 춤사위
기어이 잎이 떨어진다
위태로운 춤
앞에는 정적
소파 위의 낮잠

투명 유리창을 사이에 둔 다른 두 세상

탄환

어느 날
아픔이 탄환처럼 날아와 마음에 박히는데
막을 수도 없었고 뺄 수도 없었지
그 시절엔 유행병처럼 지나던
다시 오지 않았으면 했던
그러나 잊고 지내던 세월 속에
그 탄환이
저 하늘에는
창백한 달빛이
태양을 대신하고 있으니

신문지

신문이 되어야지
신문지는 되지 말아야지
신문이 되자
신문지가 되지 말자
슬픈 시대
그래서 눈물이 난다

(2015년 5월)

꽃이 진 자리

꽃이 진 자리에
또 다시 꽃이 핀다
꽃은 그동안 어디에 갔다 왔을까
보고파 기다리는 사람의 마음을 알고 있었을까
꽃도 진심이 있음을
그리움이 있음을

광화문 풍경

버스 하나 버스 둘 세어본다
여덟이었던가
세다가 놓쳤다
다시 센다
하나 둘 셋 넷 다섯 여섯
이 줄은 열 대

골목을 빼놨구나
다시 시작한다
하나 둘 셋 넷 다섯 여섯
여긴 더 많네
너무 많아서 못 세겠다

전국 버스가 여기 다 모였나
무슨 버스가 이렇게 똑같이 생겼어
바짝도 붙여놨네
아, 경찰버스

버스가 사뭇 빼곡한 곳에는
사람은 보이지 않고 스피커 노래 소리만
사랑 사랑하라
다시 들어도 사랑 사랑하라

사랑하면 안 되나
웬 경찰들이
그깟 사랑은 티비만 틀어도
라디오만 틀어도 나오는데

방송에서는 사랑해도
광화문에서는 사랑하자고 하면 안 되나 보다
경찰71주년 한마당축제, 천막이 많기도 하다
한눈에 들어오는 광화문 빌딩의 선명한 형광등 간판 하나
그곳에는 '서울창조경제혁신센터' 글자가

광화문 빌딩가의 불빛이 아무리 찬란해도
광화문에는 여름에도 춥고
겨울에도 춥고
온통 추운 계절뿐이다
쌀쌀하다
거기는 늘 겨울이다

(2016년 10월)

내 마음이 아파서

내 마음이 아파서 보지 못했죠
웬일인지 향기롭던 꽃도 가시가 되어
눈가를 에워쌌죠
눈길도 줄 수 없었죠
돌아볼 수도 없었죠
가끔은 눈에 안대가 묶여 있었죠
내 마음이 아파서 보지 못한
당신의 마음
당신의 세상
당신의 눈물
가시를 빼고
안대를 풀고
당신을 있는 그대로 바라봅니다
당신의 아픔 가까이 다가갑니다
내 마음이 아파서
떨렸던 손이
당신의 아픔을 어루만집니다

옷가게 풍경

화려한 상점에서 파격세일
동양인 서양인
중국인 일본인 미국인 러시아인 호주인
인종이 다르니 취향도 제각각
옷 고르는 스타일도 다양하다
나라 별로 고르는 옷의 모양이 다르다
옷이 문화였음을 새삼 느끼게 되는 옷가게 풍경
호주 여성이 입고 거울에 비춰 보는 치마를
한국 여성은 물끄러미 본다
입어 본다
그러나 벗어서 제자리에 갖다 놓는다
왜 망설일까
손이 떨린다 살까 말까
눈빛이 떨린다 살까 말까
낯선 패션의 서양 여성을
부러움 반, 놀라움 반
경이로운 눈빛으로 훔쳐본다
그리고
우리는 한국 스타일의 옷을 매만진다

한반도 유머

어디 사세요?
갈 데가 없어서
삼 대째 여기 살아요
코미디언 배삼룡 유머
한반도 유머

호롱불 하나, 전등불 하나

청년의 가슴에는 불이 타오른다
억눌림이 터지는 화산 같은 불
살아가기에 아득한 호롱불
이름만 들어도 뜨거운 청춘
얼음덩이 같은 가슴으로 살 수 없어서
가로수마저 생명을 잃어가는
메마른 길가 한 귀퉁이에서
뛰고 걷고 갇히며
눈물이 솟는 것을 참는다
시대는 여전히 검은 제복들이 활개치고
태양은 누런빛으로 뜨기도 전에 지고 만다
도시를 밝히는 조명들은 저리 밝아도
희망은 겨우 전등불 하나
억눌림으로 분함으로
가슴속에서 타는 불이 활활
외로운 호롱불 하나 들고
희망이라 부를 수도 없는
수명 다한 전등불 하나 켜고
길을 걷는다

신

사람이라 그러면 말을 안 들으니까
신이라고 하죠
중국 자금성 여행가이드의 말
황제가 신이라
신이라
생각해보니 그러네
사람 말은 안 들어 무시하지
인간만큼 억센 존재 또 있으려고
신의 말씀만 섬기는 사람들을 보면서
아, 정말 신이 아니면 안 되는구나

소멸

소멸이 두려워
빛을 따라 가지 못하고
빛 가까이 가지도 않았으나
스스로 찾아든 어둠에 소멸이라
빛은 오고야 말았으니
숨을 곳도 없어라

꽃과 여인

꽃은 저마다의 색깔
꽃은 저마다의 향기
여인처럼
꽃을 보며 여인을 생각한다
너를 생각한다
꽃과 여인

개나리

길가의 개나리
노랗기도 하지
오는 손님에게도
노란 손을 흔들고
가는 손님에게도
노란 손을 흔들고
해도 저만큼 밝지 않고
달도 저만치 밝지 않으리
개나리 핀 산에는
노란 꽃향기가
구름까지 덮누나

동물의 왕국

신보다 동물 이야기에 취해있다
인간을 신보다 동물 쪽에 가깝다고 생각해서일까
펭귄 이야기 새 이야기
호랑이 사자 늑대
동물의 왕국을 보면서
인간 세계를 더 잘 이해하게 되는 아이러니

몸 값

이 시대는 사람에게도 값을 매긴다
꽃 파는 여인의 값처럼
일당으로
연봉으로
누군가의 평생을 자로 재 놓은 가격이
전산만 두드리면 튀어나온다
보험회사의 말
당신은 연봉이 얼마로군요
당신은 얼마짜리 상처를 입으셨군요
당신은 얼마짜리 인생이로군요
모든 사람에게 당신은 얼마짜리로군요
값을 말해주는 시대
육신의 가격으로는 형편없는 우리네 인간
우리끼리 경제적 능력이라는 저울대에 올려놓고
이리 판단, 저리 궁리
보험회사의 결론은
당신은 얼마짜리 인생
건강하니 당신에겐 웃돈 드리죠
당신은 나이 젊으니

남은 사용연수를 길게 쳐 드리기로 하죠
별 볼 일 없는 인생은 가격 저울대에서도 별 볼 일 없고
별 볼 일 있는 인생은 가격 저울대가 다 소용없다
몸값을 아무리 높게 쳐준들
별일 없이 건강하게
아무 일 없이 살아가는 것보다 낫지는 못할 터
가격 저울대도 손에 흰 장갑을 끼고
의식을 행할 때가 된 것 같다

월급살이

하루살이는 하루만 사나
여드레는 살지
월급쟁이는 한 달 밖에 못 사나
쥐꼬리만 한 봉급 강제로 떨어져도
여덟 달은 버티지
남김없이 쓰고
냉동실은 해동되고
6.5cm 플라스틱 판 하나
아니, 둘 셋
남김없이 쓰고
돌려서 쓰고
꺾어 쓰고
여덟 달 지나면 다시 인생의 원점
한 주에 한 번 주급(週給) 살이 보다야
나은 인생이라지만
어느새 월급쟁이 얼굴은 하루살이를 닮아간다

떠날까 말까

떠날 때는 떠나야겠지
떠날 자 남고
남을 자 떠나는 게 인생이라지만
알면서도 몰랐던 이야기
별이 뜨건 말건 무수한 밤을
떠날까 말까
남을까 말까
하나마나한 생각
밤 지나 해 떠도
늘 똑같지
떠날까 말까
아니, 갈 데는 있나

고등학생의 넋두리

신도 힘든가 봐
막 틀리네
뭘?
첫눈 온다는 날씨가 왜 이래?
힘들면 틀려? .
응
넌?
사실은
나도

길고양이의 삶

길고양이의 삶을 보았어요
길거리 냥이는
집 고양이들처럼
따뜻한 집에서 사랑받으며 살지도 못하고
막 시동 끈 자동차의
본넷 밑에서나 숨어 잠드는
자유도 아닌 부자유한 행랑의 삶
고된 삶을 살지요
어두컴컴한 한밤중에
그림자처럼 횡단보도 아닌 위험한 차도에서
자동차 앞을 쏜살같이 건너다니며
클랙슨 소리에 놀라 달아나는
먹을 걸 찾다가 쫓겨나고 도망하는
잠잘 곳을 찾아 헤매는
작고 떠다니는 삶이지요
생명을 가진 존재들의 숙명이겠지요
우리의 삶이겠지요

등 짐

태어나면서 사람은 누구나 등짐이 한 보따리
당신 짐도 많은데 자식의 짐까지 지고 가려는 부모
등짐의 무게를 헤아려 주는 친구
짐을 들어주기도 하고 얹어주기도 하는 아내 남편
어두운 길 앞에서 등불 들고 가는 스승
이 모든 걸 바라보는 세상 사람들
그들이 보는 것은 사람일까 등짐일까 허공일까
따뜻한 눈
매서운 눈
무심한 눈길
그저 바라만 보는 눈
사람들이 지고 가는 등짐 한 보따리

초보 인생

처음 살아보는 인생
아무리 나이 들어도
매번 초보로 새 나이를 만나니
우리는 언제나 초보 인생
언제쯤 인생에서 초보 딱지를 뗄 수 있을지

간이역 인생

간이역에서 기차 타듯 만나는 인생의 중요한 일
얼마나 허술하게 맞는지
죽음마저도

아무리 준비해도
큰일들은 그 자체로 의미 있지 않으냐 알려주려는지
언제나 갑자기 느닷없이 얼떨결에
시간 흘러서 보면 엄숙한 순간들인데
질병도 영혼 속으로의 여행도
긴 시간이든 짧은 시간이든
문득 거두어 버리는 어떤 힘이 있는지

그 일들은 얼마나 놀라운지
얼마나 진지한지
그리고 얼마나 허무한지

아버지의 낮술

아버지는 왜 낮술을 즐기셨을까
낮도 밤 같았기 때문이겠지

II

화진포

하늘과 바다와 백사장이 하나 되는 바다가 있다
그곳 바다는 하늘이 내려왔는지
그곳 하늘은 바다가 솟아올랐는지
하나의 자연이다
백사장은 햇빛 받으면
금모래 되었다가 은모래 되니
희디흰 돌을 갈아 햇빛 섞어 뿌려 놓으면
이런 모습일까
거기에는 자연을 닮은 사람들이 있다
신선이라 부를까
휴양객이라 부를까
태초의 바다는 이런 모습이었을까
이곳에도 세상처럼 해가 뜨고 해가 지지만
자연과 맺은 깊은 추억은
지는 법이 없으리라
화진포 바다여!
아름다운 바다여!

7월의 바다

너희 이쁘다 너희 이뻐
바다 갯벌 한복판
멀리서 봐도 그림인데
가까이서 보는 청춘의 빛깔은 오죽 고울까
세워진 카메라 다리, 혼자 돌아가는 사진기
찰랑거리는 검은 치마 초록 반소매 티
날씬한 몸매
사진 찍는 너희
이제 스무 살 넘었겠지
청춘이 밀물을 만나 더욱 싱그럽기만 하구나
햇살 같은 남과 여
저녁을 준비하는 7월의 햇살이
청춘의 어깨 위로 가볍게 내려앉는다
갯벌의 영롱함은 청춘을 따라 바다로 들어간다
바다는 언제부터 은빛이었을까
사람 청춘 사진기 갯벌 바다 파도 밀물
7월의 바다 풍경
아, 조화롭다 아름답다
7월의 바다가 이토록 아름다웠던가   (을왕리 해수욕장)

산(山) 비

쏴한 바람이 지나간 자리의 산(山) 비
사람들은
공허한 바람 소리도
속세 떠난 빗소리도 견딜 수 없어
총총걸음으로 산을 떠났다
나무는 언제나처럼 굳건하게 산을 지킨다
바람이 멎으라고
물을 마시기 위해서
산에 사는 나무야
너는 알지
고즈넉한 산사(山寺)에 바람 앉히고
산에 오는 나그네에게 물 한 사발 주려고
쉬어가는 산(山) 비의 신비함을

비

비가 내리니
인간의 세상은
깨끗이 씻겨 태고로 돌아가고
씻긴 먼지는 왔던 곳으로 돌아간다
자연은 원래 이렇게 아름다웠노라
숲도 나무도 인간에게 빗소리로 말한다
비가 내리는 세상
영롱해진 풀잎은 더욱 잘 자라겠지
나무는 비의 축복으로 뿌리를 더 깊게 내리겠지
빗속의 자연은 순결하구나
신비한 비의 세상 속에서
나는
빗물이 가는 대로
우산이 가는 대로
발길 닿는 대로

장마철 풍경

하늘엔 구름이 잔뜩 끼어
비가 올까 말까
우산 챙겨 나가는데
우두둑 빗소리
무거운 하늘이
내 머리 위로 떨어지는 장마철
비를 피하느라
행인들의 발걸음이 분주해지는
장마철 풍경

여름

8월
아열대기후의 뜨거운 바람
바람도 길을 잃고
뜨거운 벌판에 서 있는 여름
지난겨울의 바람은 어디 있는가
그리운 겨울바람
지구 어느 쪽 지금 겨울인 그곳에 가 있는가

설악산 권금성

권 씨와 김 씨가 나라 지키려고
높이 쌓았다는 권금성 이곳
산 아래는 아득하고
산 위는 시원하다
설악산의 아름다움을
어찌 말로 다 표현할 수 있을까마는
그래도 감탄한다
아름답다
굵은 듯 가는 듯 오가는 케이블카 아래
속세였던가
산 위에 부는 한줄기 바람
여름날을 잊으라 한다
속세를 잊으라 한다

가을비 한 방울

가을비 한 방울이 툭 떨어지더니
어느새 빗물이 되어
여름 벤치를 적신다
가을이구나
찬바람도 가을비를 따라와
미끄러지듯 벤치에 앉는다
여름이 앉았던 그 자리에는
쓸쓸한 가을만이

여름날의 추억은 제 갈 길을 가고 있다

산장

산바람 부는 산
저 높은 산장에서 하룻밤 묵어 보라
지나온 길 길어 보여도 짧기만 하고
고된 하루는 잊히리라
산은 말이 없고 사람 역시 말이 없다

어둠이 나그네를 곤한 잠 속에 빠지게 한다
아침이 되면
산은 사람보다 먼저 일어나
곱게 단장하고서 산속의 손님들을 맞는다
구름은 산 아래 있는지 보이지 않는다

가을이 주는 선물

아파트 마당에 내린 가을
빨갛고 노란 단풍잎
너무나 예뻐서 밟기가 미안하다
가을은 공평하다
누구의 대지든
누구의 집이든
똑같이 가을이 내린다
아름다워서
잠시 나를 비우고 가을을 본다
가을이 주는 선물
잠시 도시를 잊으라고
집으로 가을의 시를 보내준다

가을 편지

가을이 왔다는데
산에는 가을이 왔다는데
낙엽이 오래도록 눈에 띄지 않아서
나는 아직 여름인가 했구나
달력은 벌써 두어 장 넘어갔으니
가을이 틀림없는데
가을은 언제나 짧았지
아쉽게도 겨울 속으로
그렇게 사라져 버렸지
가을 하늘을 보면서 편지 한 장 쓰고
걷다가 또 한 장 쓰고
하지만
누군가를 그리워하던 가을 편지는
부치지 못한 편지가 되어
가을처럼
가을을 닮아
겨울 속으로 사라져 버리지
한적한 벤치의 서늘한 바람이 되어서

커피 예찬

신이 주신 술잔에
커피를 따라 마시니
영혼은 커피를 통해 정화되고
우정은 커피로 더욱 두터워진다
생은 덧없이 흘러간다지만
커피 잔 속의 내 얼굴은
생기를 찾는다
커피 향기가
세상의 소음까지 가져간다

은행잎

보도블록 위의 은행잎은 도시가 고향
시골에 가면,
낯설어서
낯이 설어서
터벅터벅
고향으로 돌아온다나

시월의 나무

쓸쓸한 시월의 나무
겨울로 향하는 바람이
나무껍질을 메마르게 하고
잎마저 떨어져
낙엽 되어 구르는 시월의 나무
바람 한 번 불면
계절의 하루가 가고
비 한 번 내리면
가을의 쓸쓸함은 깊어만 가는데
그래도 그 자리에
꽃도 없이 잎도 없이
우뚝 서 있는 시월의 나무

사계절

봄이 하나라면 여름은 두 개
가을이 하나라면 겨울은 세 개

겨울 산

순백의 산
겨울 산
여름에는 푸른 산
가을에는 붉은 산이었는데
지금은 순백의 산
산도 옷을 입고
사람들도 옷을 입는다

빈 배

저기 작은 배
빈 배 하나
갈 곳 몰라 서 있지 않으련만
갈 준비가 없어라
바다는 얼고
하늘은 차기만 하니
배가 깊은 겨울에 갇혀 있구나
쓸쓸한 빈 배
비울 것도
채울 것도 없는
빈 배 하나

깊은 산속의 겨울

인적 드문 산속 마을의 깊은 겨울
눈이 포삭포삭 지붕에 내려앉으니
집도 포근포근 따뜻해진다
집주인은 어디 가고
앞마당 너른 눈밭에서는
눈도 제대로 못 뜬 채 하얗게 내리는 눈을 맞는
시인이 된 삽살개 한 마리
툇마루에도 겨울이 깊어가는 소리
온종일 산속 마을에 눈이 내리니
길은 끊기고 사람마저 끊긴다
나그네의 겨울 여행도 끊어진다
산속 집은 산장이 되어버린 지 오래
장독에는 장만 무릇 잘도 익어가는구나
산속 마을에는 눈이 흰빛으로 오다가
금빛으로 내린다
도시의 눈은 오다가 섞이고 사람 손도 타지만
산속의 눈은 오직 태양 빛만을 섞어 쓰기 때문이지
산속의 겨울이 함박눈과 함께 깊어간다

눈 오는 날의 설악산 1

작은 손님용 숙소에서 산행을 기다리는 사람들
하늘에서 하얀 솜 꽃이 내리면
설악산 저 높은 봉우리는 수염 하얀 신선이 된다
소공원까지 가는 버스도 엉금엉금
지팡이 쥔 등산객도 조심조심
하늘과 산과 땅의 구분마저 없는 눈 풍경
산을 오를 수 있을까
숙소에서 내다본 설악산에는
겨울 신비가 가득하다
따뜻한 난로 위에서 손을 녹인다

눈 오는 날의 설악산 2

설악산에 눈이 내렸다
날이 궂으나 맑으나 산에 오르던
산 지킴이 등산 안내자는
이른 새벽 산을 등반하고 와서는
이만하면 오를 수 있겠어요

눈 그치자 파란 하늘
산은 온통 푹신한 하얀 세상
등산화에 아이젠 달고
어떤 길에서는 푹푹 잠기듯 걷고
또 어떤 길에서는
암벽 타듯 산에 오르다가

눈과 하나가 된 등산 신발을 털며 들어간 산장에는
배낭과 함께 쉬어가는 사람들
바람 막아주는 공간
정겨운 담요

겨울 산바람 속에서도 낯선 듯 익숙한 온기가 가득
얼음 같은 겨울 공기를 가르는 뜨거운 차 한 잔
얼음장 같은 손을 녹이고
배낭 꾸리고 다시 산행 한다

골짜기마저 눈으로 덮여있는 산에서
손이 앞서 길을 헤치고
발 디딜 때마다 끈끈이처럼 빠진 신발을
잡아당기듯 떼어내면서도
산의 매력에 푹 젖는다

지상으로 내려와 올려다보면
햇빛 받아 광채 나는 저 산
돌아온 숙소에는
보일러 뜨끈하게 돌아가는
방이라는데도 찬바람 술술 들어와

여기는 설악산

눈 오는 날에 1

창문을 여니
밤새도록 내린 눈이
백설기가 되어 세상을 덮어버렸다
나뭇가지 위에도
자동차 위에도
저기 멀리 산 위에도
세상은 설국(雪國)
하얗고 하얘서 눈이 부시다

아파트 경비원 아저씨의 바쁜 빗자루가
눈밭을 쓸어내면 길이 생긴다
발이 푹푹 빠지는 아파트 공터는
어느새 아이들의 눈썰매장
썰매를 끌어주는 젊은 아빠의 모습
행복한 겨울 풍경이다

눈 오는 날에 2

펑펑 눈 내린 날에
눈길을 걷는 쏠쏠한 재미
목도리 두른 눈사람도 있고
강아지도 있고 토끼도 있다
입맞춤하는 연인 눈사람까지 있으니
골목은 하얀 르네상스 시대
눈사람 작가는 아이일까 어른일까
무얼 하러 갔을까
비탈길 미끄러워진다는 어른들의 성화에도
아이들은 숨었다 나타나며 눈썰매를 탄다

또 눈이 내린다
공터의 아이들은 집에 갈 줄 모른다
밥 먹으러 들어오너라
엄마가 부를 시간도 되었는데
부르는 사람이 없다
엄마도 눈 풍경에
아이 밥 줄 생각을 잊었나보다
보는 사람도 즐거운 눈 오는 날이다

III

도시 너머

도시 너머에 바다가 있었네
도시 너머에 산이 있었네
태초에 우리가 온 곳은 자연
우리는 언제나
자연을 그리워하네
도시에 살면서
자연을
도시에 살면서
자연을
처음부터 자연에 살았던 것처럼
도시는 그저 머물다 가는 주막처럼

가로수

길가에 서 있는 가로수
아스팔트 먼지 입고 뿌옇게 화장한 가로수
자동차 매연에 검은 기침을 하는 길가의 가로수
너는 그 자리에 서서
독한 매연을 마시고 있구나
도시라는 게 그리 모질고 척박하다

그들의 집

용산역과 전자상가 길을 잇는 가교 하나
언제 철거될지 모를 길고도 허름한 다리
그곳을 집 삼아 살아가는 사람들
세상이 모질어서일까
아니면

박스에 빨간 리본 붙이면 빨간 도배지
박스에 노란 리본 붙이면 노란 도배지
도배지로 안방도 꾸미고
건넌방도 만들고
박스 인생이라고 부르지 마라
방 도배도 했다
살아갈 의지도 있다
쓸쓸한 세상이지만
거기에도 사람이 산다

거지와 노숙자

한 푼만 줍쇼 엎드린 손이 내 발 밑인데
문득 서서 망설인다
어쩌면 앵벌이일지 몰라
가슴 아프지만
이번엔 노숙자들
인간에게 의복이 얼마나 중요한지
잠잘 곳이 얼마나 중요한지
청결이 얼마나 중요한지
숨 쉬며 산다는 게
얼마나 고단한 일인지를 보여주는 사람들
그들의 간절한 소망
천장만 있어도
바람만 막아도
겨울만 아니어도
인간의 냄새는 사자 호랑이 늑대 개 고등어
무엇을 닮았을까

그들이 흩뿌린 야생동물의 체취는
이른 새벽 청소 아주머니의 양동이 물에 흘러간다
이래도 한 세상 저래도 한 세상이라지만
그들에게 세상은 무엇일까
흘러가는 것조차 힘겨워
흐린 눈빛에 선 실핏줄은
세상의 햇빛 반대편을 가리킨다
기댈 곳만 있었어도
거지와 노숙자
역(驛)과 함께 살아가는 그들
어디로 떠나고 싶기에
기차 바퀴 굴러가는 곳인가
종착역이 이 세상이긴 한 걸까

어느 가게 앞에서

파리 날리는 가게 앞
캔 음료 하나로
주인 떠난 가게의 의자를 빌어 본다
하늘에는 해 아직 있는데
셔터 속의 주인은 집에 갔을까
상인의 시름이 거리에도 흐른다
오가는 사람 없으니
상인의 지갑인들
갈수록 무얼 살 때면 망설이는 시간이 길어진다
그 길이만큼 상인의 시름도 깊어지리라

우리 모두는 처음부터 시작해야 하나
떨이 물건
떨이 인생
여기저기
거리에 날리는 구직 신문 광고지 조각
한때 화려했던 간판도
전선 끊어진 채로 땅에 떨어져
모로 세워져 있으니
아, 오늘의 한국
남의 나라 이야기였으면

고향은 슬프다

고향은 슬프다
고향은 무슨 일이 있었던 것처럼
언제나 슬프다
오래전에도
아주 오래전에도

그리워서 슬픈지
떠나온 것이 미안해서 슬픈지
알 수는 없으나
먼 산
먼 바다는
두고 온 고향이었을까
나그네는 꿈속에서도 고향 마을을 그리워한다

어느 작은 공장

밤늦은 어느 공장 앞
사람들이 있을 시간이 아닌데
공장 굴뚝에서는
스멀스멀 연탄가스가 피어오른다
연탄 한 장 연탄 둘
그것은 우리네 어린 시절
한국이 살아온 길
누가 알면 안 되는지 막고 막은 비닐 창가에는
불빛이 흐릿하게 새어 나와서
나 여기 살고 있소
사람들이 이렇게 겨울을 나고 있소
한국의 60년대 70년대처럼 속삭인다
누가 살고 있을까
먼 타국 땅에서 온
이름 모를 노동자가 잠을 못 이루고 있는지
불은 꺼질 줄 모른다
고향에 사는 그들의 부모 형제는
눈물로 살아내는 추운 겨울을
상상은 하고 있을까

깊어가는 겨울
숨어 사는 낯선 타국에서
그들의 시름도 깊어가겠지

이국 아낙의 노래

머나먼 이국으로 가는
비행기 오를 때
잘 살라고 손 흔들어주던 고향의 가족들
꼭 행복하마 고향을 잊지 않으마 다짐했지만
그칠 줄 모르고 흐르던 눈물
한 푼 아껴 먹고살 시름에 젖은 부모님께 부치고
밤낮으로 수고하여 물선 이국땅에서
겨우 살아갈 터전을 마련하였네
이제 한국인이 되어
내가 태어난 나라의 고향 사람
고향 말도 잊어가고 있다네
아이는 자라고
남편은 늙어가고
엄하고 다정했던
시부모님도 가시고
이곳이 고향이 된 지 오래
시골 마당에 심은 나무
시집올 때 심은 나무가 무럭무럭 자라고 있다네

어머니와 물독

어머니들은 머리에 물독 하나씩 이고 있다
자식이다
행여 쏟아질까
행여 깨어질까
조심조심
옆도 보지 못한다
다리가 아파도 앉을 수 없다
내려놓을 수도 없다
물독이 있을 곳
그곳에 닿기 전에는

모 정

오래전
내 방 창문가에서 들리던 낯선 여인의 울음소리
새벽 두 시만 되면 어김없이 우는 여인 때문에
잠을 깨곤 했다
그 소리는 두고 온 자식이 보고파서
그 집 대문 앞에서 여인이 우는 소리라고 했다
남편에게 빈손으로 쫓겨난 여인
빼앗긴 아이가 보고 싶어서
여인이 그 밤중에 와서 운다고 했다
미치지 않으면 살 수 없었을까
자식 보고픈 마음이 남들에게 미친 것처럼 보였을까
남편의 호된 매질
쫓겨나고도 떠나지 못해
매일 그 집을 찾아오는 여인
슬픈 모정

호적제도가 있을 때의 슬픈 어머니
쫓겨나는 것과 이혼이 별반 차이가 없던 시절
재산 분할도 양육권도
어떤 권리도 주어지지 않던 시절의
모정 이야기
그 어머니의 울음소리를
아이는 기억하고 있으려나
동네 사람들도 기억하는
슬픈 모정을

어머니의 면 티셔츠

어머니의 면 티셔츠는
아기의 면 이불
월요일에도 화요일에도 수요일에도
어머니의 화려한 옷장은 기나긴 휴가 생활
어머니의 등 뒤에서
아기는 쌕쌕 잠이 든다
어머니의 면 티셔츠는 아기의 미소 자리

어머니의 몸무게

어머니의 몸무게는 35킬로그램
내가 어릴 때
내 몸무게의 두 배였던 어머니가
언제 그렇게
늙고 야위셨을까
생각하면 눈물이 흐른다
내가 그분의 등에 업혀 자랐는데
이젠 내가 업고 다닐 수 있을 정도로
뼈만 남고 야위셨는데
세월은 돌릴 수도 없고
어머니는 더 늙어가신다
35킬로그램이
내 머릿속에서 사라지질 않는다
믿을 수 없는 어머니의 몸무게

어머니

어머니는 그제 가신 것만 같다
애야, 밥 먹어라
어머니와 나 사이에는
뛰놀던 어린 시절만 있다
어머님 무덤가에는
언제 자랐는지
풀이 가득한데도

나그네

나그네는 저녁놀이 지기 전에 가야 한다
대문 안과 밖은 딴 세상
보내는 사람 가는 사람
그들에게는 해지는 풍경마저 다르다
뒤돌아보면 해는 늘 그 자리에 있다는 사람
언제나 해는 나타났다 사라진다는 사람
나그네의 발걸음은 분주하다
나그네는 밤바람을 먹고 살고
보내는 사람은 그림자를 안고 산다
대문 하나 사이인데

오지 않는 사람을 기다립니다

어머니의 사진을 봅니다
어머니는 어디를 가셨나요
나를 두고 누구네 집에 놀러 가신 거면 좋겠습니다
어릴 때처럼 차라리 나를 두고
돈 벌러 가신 거면 좋겠습니다
백화점 푸드코트에는 어머니보다
나이 많은 어른도 많은데
맛있는 음식 시켜 먹는 노인도 많은데
나만 혼자 덩그마니 앉아 당신을 기다립니다
백화점 푸드코트에서
오지 않는 당신을 기다립니다
천국은 그리 먼 곳이었던가요
이곳에 다시 올 수 없는 그런 곳이었던가요
좋은 장소에 앉기만 하면 당신이 생각납니다
오지 않는 당신을 기다립니다
어린 시절의 내가 되어 어머니를 기다립니다

돌아오지 않는 것

어린 시절 함께 숙제하던 내 친구네 골방
초가집의 고드름
기와집 천장의 쥐똥
숯검정이 조선간장 장독 뚜껑 열어 말리시던
할머니의 뒷모습
찢어버린 누런 낙서 공책
빛 들어간 필름
어머니의 이불 덮어주던 손길
아버지의 호통 소리
삐지면 머리끝까지 쓰던 풀 먹인 호청 이불
학교 앞 칼국수 기다리던 순간
유행하는 프로스펙스 나이키 신은
대학 시절 친구들의 앳된 얼굴
최루탄 가스에 분노하던 젊은 날의 용기
고춧가루 넣은 삼백 원짜리 튀김우동
친구 만나던 음악다방 박스에서 들리던
나지막한 디스크자키의 허풍 소리
삶아 놓은 보리쌀 광주리
007영화 서서 보던 극장 안 풍경
돌아보면 그 자리에 서 있을 줄 알았는데

목욕탕 가는 길

나 어린 시절 신작로 하나 생기면
굴뚝에 김나는 목욕탕 간판도 하나
길거리엔 목욕 바구니 든 아주머니와 언니들
아주머니 머리는 꼬불꼬불 언니들은 긴 생머리
물기에다 눈부시게 뽀얗고 발그레한 얼굴은
나 목욕탕 갔다 오는 길이요

초록색 이태리타월 하나 주소
이태리 이태리라
이태리가 어디에 있는지는 몰라도
우리 모두 이태리타월은 알아요
아, 그거 때 잘 밀리는 거
당신 한 번 밀어줄게 내 등 한 번 밀어주소
나는 당신보다 작으니 손해는 안 봅니다
서로 덩치 따져보고 등 밀어주지요

이른 새벽이면 철렁거리는 깨끗한 물
그 속에 풍덩 담그고 싶어
새벽잠 없는 할머니들이 제일 먼저 들어가지요
여자면 여탕으로 남자면 남탕으로
아이야 너는 아직도 여탕이더냐
아이야 너는 아직도 다섯 살이더냐
누나들 남사스럽다

더러운 조센징 소리 그리도 한 맺혔을까
나라 전체가 씻고 또 씻고
목욕탕에서 사람들 만나고 또 만나고
이제는 사우나라 부르지만
그때는 목욕탕
묵은 때 밀어 한 푸는 곳
만남의 장소 사교의 장소였지요
가끔은 일본의 온천이 부럽지 않은
아주 크나큰 호사였지요

일본식 가옥에 살던 내 친구

중학교 2학년
내 친한 친구는
일본식 가옥에 살고 있었지
깨끗한 집
다다미 방
그 집에 들어서면
일본 냄새가 나던
내 친구 부모님은 어떤 분이셨을까
뒤꿈치 들고 살금살금 걷던 마루에서
나는 내 친구 부모님을 궁금해했었지
무슨 연유였을까
어떻게 내 친구는
일본식 가옥에 살고 있을까
일본인에게 집을 받았을까
지금도 풀리지 않는 의문
그 동네에 가면
정갈하게 놓여있던 주택
도망간 일본인일까
쫓겨난 일본인일까
생각도 많았지
그리 멀지 않았던 일제강점기였던 것을

천안역

천안역

호두과자 파는 사람은

물끄러미 사람들을 본다

기대에 차서 어디론가 떠나는 사람들

기차 타러 서둘러 가는 사람들

손에는 가득가득 짐 보따리

어디론가 갈 곳이 있는 사람들

어디론가 갈 수도 있는 사람들

어디를 향해 그렇게 바삐 가는 것일까

호두과자 파는 사람은

부러움 섞어

가만히 사람들의 자유를 응시한다

고속터미널

이른 새벽
고속터미널의 하루
청소복 아주머니들의 마대자루가
분주히 돌아가면
여기저기서 셔터 올라가는 소리
음식 냄새가
커피 향이
통근 직장인, 여행객, 귀향하는 사람,
방랑자의 발길을 잡는다
줄서듯 도착하는 버스
한 무더기의 승객들을 쏟아내면
총총 울리는 구두 소리
어디서 왔을까
대합실은
마르지 않는 샘물처럼
떠날 사람으로
떠나 온 사람으로
분주하다

홍대 앞 겨울

밤을 낮 삼아
서성이는 젊음들이
겨울
춥고
하얀
눈밭 거리에서 서성인다
가는 길인지
오는 길인지
젊음을 소비하거나
젊음을 꽃피우거나
홍대 앞의 밤도 겨울이다
카페의 불빛은 밝고
겨울 하늘에는 눈꽃이 가득하다

커피

아침에는 모닝커피
점심에는 후식커피
저녁에는 휴식커피
종일 곁을 떠나지 않는
커피의 향기

그리운 한강

한강은 그 자리에 있는데
한강은 언제나 그립다
다리 건너는 버스 차창 너머의
한강은 언제나 축제
물의 축제
빛의 축제
아름다움의 축제
사람들의 축제

낮은 낮대로
밤은 밤대로
강의 아름다움에 취해
버스 안에서 길을 잃는다

한강에 뜨는 달

한강에는 두 개의 달이 뜬다
하늘에 뜨는 달
강물에 뜨는 달
두 개의 달 사이에서
젊은 영혼은 술을 마시고
가수는 노래한다
멀리서 들리는 색소폰 소리는
강가에 앉은 이름 모를 낚시꾼의
잔잔한 슬픔을 달래주누나
달은 반짝이고
강물도 반짝이고
한강의 밤이 흐른다

여의도 선착장

한강공원 여의도 선착장
유람선에는 중국인
유람선 구경하는 벤치에는 한국인
한데 어우러져도 비슷한 사람들
공원인 듯 광장인 듯
외국인 듯 한국인 듯
한강인지 라인 강인지 센 강인지
여의도 선착장 풍경
한강공원의 여름이 깊어간다
공연 있는 날의 선착장 앞 스탠드는 좋은 관람석
강물이 흐른다
노래가 흐른다
사랑하는 마음이 흐른다
잔디밭에는 그늘막 텐트
자전거전용도로에는 저마다의 자전거
예쁜 옷 입고 산책하는 견공
모든 것이 부드럽게 흘러간다
저 강물처럼
한강공원 여의도 선착장의 여름날 풍경

강변의 개나리

개나리 곱게 핀 사월의 강변
사람들의 표정도 환하고
개나리도 환하다
개나리가 가져오는 봄이
강변 마을을 온통
노란색으로 물들인다

IV

배 항해 인생

대양을 항해하는 배
거대함선
아니, 어쩌면 바구니 배
풍랑 일렁이는 바다에서
기도하며
노력하며
싸우며
무엇을 만나든
그곳이 어디든
배가 서는 곳이 항구
항구 아닌 곳이 어디든가
머물지 못할 곳이 어디든가
바다는 바다대로
육지는 육지대로
만나는 자 누구든
인생인 것을

밥

밥에 들어있는 것
눈물
기쁨
영광
자칫하면 병

먹고 죽을 돈

오가는 길의 걸인부터
뉴스 속의 비자금까지
세상은 온통 돈, 돈
누군가에게는
먹고 죽으려고 해도 없다는 돈이
화면 속에서는 화수분이다
돈의 생명력에는 인자함이 없다
인간이 그만 죽어버린다

먹고 죽으려고 해도 없다는 돈이
장독의 김치처럼
누군가의 고무장갑을 타고
땅속에서 한없이 기어 나온다

로봇 청소기

거실 청소하는 로봇 청소기
쿵 소리는
벽인가요? 막힌 곳이군요
걱정은 하지 마세요 알아서 방향 바꿀게요
열심히 일하는 모습
가끔은 게으른 사람보다 나아
나지막하고 둥근 모습이 사랑스럽구나
혹시나 신발 놓는 현관으로 떨어지면 어쩌나 걱정하면
주인 마음 아는지
일 센티 직전에서 멈추어 서고
신기하기도 하지
턱 넘어 방에 들어가면 안 되는데
서둘러 가보면
알아서 턴 턴
요놈 봐라
그래도 충전 몸통 있는 곳은 문턱도 상관 안 하지
그곳이 안방이든 건넌방이든 그까짓 문턱쯤이야
밥이 무섭기도 하지
프로그래밍이 무섭기도 하지

작은 새

숲속에 사는 작은 새
하늘은 더 높고
땅은 더 낮아
바람과 함께 흔들리는 작은 새
꽃이 있어서
나무가 있어서
노랫소리 고운 새가 되었다가
홍수에 떠내려가는
뗏목에 실려 가는
작은 비바람에도 몸을 떠는
불쌍한 작은 새

산과 바다

산은 산 바다는 바다
아니다
아득한 옛날
바다가 산이 되었다지
산은 바다가 되었다지
우리 인간에게는 안정이 없다는 자연의 교훈
그러니까 계속 앞으로 나아가라는 자연의 인도

날 때부터 노예

기원전 삼백오십 년 아리스토텔레스의 말
어떤 사람들은 날 때부터 자유롭고
어떤 사람들은 날 때부터 노예이며,
날 때부터 노예인 사람들에게는
노예제도가 편리하고 정당하다
아, 아리스토텔레스
어쩌면 당신은 그리도 매몰차게
하나만 바꾸려 해도
등가죽이 찢어지는 고통
채찍을 치워주시오
.
.
.
아무도 치워주는 이 없으니

굴을 지나는 기차

굴을 지나는 기차
다른 세계로 사라지는 경험
다시 밝아진 세상
차원이 다른 세계에 왔나
기차가 가는 곳을 알지만
어디인지 모르고 싶다
낯선 경험이고 싶다

가난

가난한 동네에는 가난만 살지 않는다
소리가 함께 산다
무얼 사겠다는 스피커 소리
무얼 팔겠다는 스피커 소리
체육대회 같은
마을버스 기사의 라디오 뉴스 소리
가끔은 빈병 깨지는 소리
가난한 동네에는 낯설면서도 익숙한 풍경이 산다
엄마 찾는 어린 아이의 짝 잃은 슬리퍼
문가에 앉아 누군가를 기다리는
주름진 할머니의 그리움
행인을 맞는 큰길 가의 담배 연기
편의점 앞 먼지 앉은 테이블의 안주 없는 막걸리 잔
바람에 굴러다니는 찌그러진 빈 깡통
늦은 밤 누군가를 태우고 가는 순찰차
가난한 동네의 밤은 어둡지 않고
낮은 밝지 않다
가난을 따라 다니는 외눈박이 안경
그곳에는 늘 반쪽짜리 세상이 존재한다

가난과 결혼한 여인

오래전 아주 오래전
동네에는 어린아이를 키우는 새댁이 있었지
여인은 언제나 동동거리며 살아갔지
아주 작은 여유마저 없는지
여인의 머리카락은 자주 헝클어져 있었어
아이 옷도 동네에서 얻어 입히고
장난감도 친척들한테 빌려서 아이 손에 들려주던 여인
아이는 건강했지만
여인은 언제나 우울하고 근심스러웠지
밝게 웃으면서 하는 말조차도 힘이 없었어
나는 가난한 남자와 결혼했어요, 라고 말하는데
내 귀에는 나는 가난과 결혼했어요, 라고 들렸지
아이는 힘이 넘쳐 보였어
사내아이였지
아이가 자라면
여인은 행복해지겠지
그때는 비록 가난했지만
한 번도 짝이 맞는 양말을 신은 걸 본 적이 없지만
이제는 행복하겠지

황금의 노래

금아 금아 황금아!
어이 그렇게 춤을 추느냐
내 어머니 내 누이 내 아내가
너 때문에 그리 앓고
너 때문에 그리 웃던
황금아

너 때문에 아팠던 이에게
너 때문에 낮았던 이에게
너 때문에 울던 사람들에게 가서
오래 머물러 주렴

언제까지나

칼날

산 어딘가에
숨겨놓은 칼날
인간의 가슴에 숨겨진 칼날
우리들
그렇게 태어난 것을
운명처럼
운명처럼
숨기고 살라고
평생을 노력해서
꽃으로 만들라고

푸른 나무처럼

푸른 나무처럼 살리
하늘을 향해
쭉 뻗은 푸른 나무처럼
울창한 숲 만들어
세상을 푸르게 하고
그늘 만들어
땀 흘린 사람들
쉬어가게 하고
맑은 공기를 뿜어
사람들을 숨 쉬게 하리
그런 푸른 나무처럼

윤중로 벚꽃

벚꽃 핀 날이 엊그제 같은데
벌써 꽃은 떨어져
청소부의 빗자루 속으로 사라집니다
꽃이 필 때는 그토록 화려해도
질 때는 한없이 초라합니다
윤중로 벚꽃 길에는
화려함이 사라지자
바람 불어 꽃이 떨어집니다
꽃이 언제 피었냐는 듯이

조용한 세상

사방이 조용하다
정적
정적
바람이 불고 난 뒤의
어색한 고요함
어느 누구도 말하지 않는다
조용한 세상이다

(2013년 3월)

한강의 갈대

길고 긴 겨울철 한강의 갈대도 힘들었는지
아예 드러누워 죽은 듯이 지냈더라
봄이 되니 기운차려
발끝 세우고 고개 드는데
반갑고 놀랍기 그지없더라
바람 불어 날리는 갈대의 향기
가을 되면 너희도 풍년을 맞겠지

제비 떼

강남 갔던 제비가 돌아오는 길목인가
아직은 차가운 봄 하늘에
까만 점으로 다가오는 무엇이 있어 눈이 멎는다
웅장하구나! 제비 떼의 이동
날아가는 모습 매끄럽지만
그 작은 몸은 생명을 건 이동
길잡이 새는 맨 앞에서 무리를 이끌고
인간의 손이 닿지 않는 강물 위 길을 따라
기다리는 누군가를 만나러 가는 사람처럼
바삐 날아간다
인간 세상처럼 제비에게도
길 잃고 외떨어진 새가 있어 걱정되는데
사람의 걱정을 아는지 새 떼는 속도를 줄이며 가고
몇몇 새들은 날아왔던 길로 되돌아가
흩어지고 낙오된 새들을
작게 크게 모아서
이윽고 한데 모여 날아가는데
그것은 감동의 행렬
새 모양 비행기 모양으로 대오 갖추어
하늘을 까맣게 점령하며 점이 되었다가 사라진다
아! 봄의 장관이다

자작나무

동화 마을로 가는 길
바람마저 깨끗한 숲길에는
머나먼 눈의 나라에서 온
하얀 자작나무들이 서 있다
그 나무 뒤에서는
어릴 적 친구들이
술래잡기를 하고 있을 것만 같다
하늘로 쭉 뻗은 자작나무의 키는
사람 키의 몇 배
추운 나라 사람들이
불을 지피면 자작자작
소리를 낸다 해서
자작나무라 불렀다지
아주 오래전
자작나무 얇은 나무껍질에
연애편지 쓰던
젊은 연인의 노래를
자작나무 숲은 알고 있다지

눈

당신의 눈 속에 담긴 당신의 우주
눈이 맑네요
가끔은 비밀스럽고 신비해요
얼마나 많은 이야기를
당신의 눈 속에 담아왔습니까
구름 위에서 보던 세상이
너무 벅차서
입으로 못다 한 이야기
눈으로 말하고 있나요
당신의 눈은 당신의 세상
아마도
당신은 우주를 담아왔나 봅니다
눈이 밤하늘의 은하수처럼 반짝입니다

당신은 존재 자체로도 아름답다

당신은 얼굴이 아름답다
당신은 손이 아름답다
당신의 미소가 아름답고
당신의 머리카락이 아름답다
있으면 빛이 나는 당신
당신은 존재 자체로도 아름답다
존재해 주어서 그저 고맙다

너

너는 나의 눈부신 조명
나는 그 빛에 눈이 멀었지
너는 어디론가 떠나고
빛은 흐려졌다
너는 또 어디로 흘러가서
누구의 눈을 멀게 하려나

사랑 이별

사랑 전 이별 후 같은 점 하나
네가 없다
세상에 빛깔이 없다

공항에 내리는 비

공항에 내리는 비는 이국적인 비
먼 나라의 추억으로 내리는 비
공항 아스팔트에 떨어지는 빗방울은
여행자의 여독을 풀어주는 비

공항에 내리는 비는 이별의 비
지나간 일을 깨끗이 잊고 시작하라는 비
그래서 공항에 내리는 비는
천천히 떨어진다
잊을 시간을 주기 위해서

시인의 말

시를 쓰면서 우리나라의 사계절이 참으로 감사하게 느껴졌습니다. 그 덕분에 경치가 다양하고 쓸 거리가 많아서겠지요. 같은 계절을 썼는데 모아서 읽어 보니, 그때 느낀 감성의 차이인지 실제 기후의 변화 때문인지 조금씩 달라서 놀랍기도 했습니다. 같은 계절이되 같은 계절이 아니다, 그렇게 생각하게 되더군요. 계절의 순서가 같음에도 매번 기대하고 설레게 되는 건 사계절 모두가 아름다워서일 것입니다.

세상은 연결이라고 생각합니다. 그 연결의 최후 점은 발전이 아닐까 싶습니다. 제 시도 쓰고 모으고 고르는 과정을 거쳐서 발전하게 되리라 믿어 봅니다.

2016년 12월

박경애